AF315871

ANNIVERSAIRE DU 14 JUILLET 1789

LE
DERNIER JOUR
DE
LA BASTILLE

PAR

LOUIS COMBES

MEMBRE DU CONSEIL MUNICIPAL DE PARIS

PARIS. — LIBRAIRIE ILLUSTRÉE. 7. RUE DU CROISSANT

ET CHEZ TOUS LES LIBRAIRES DE PARIS ET DES DÉPARTEMENTS

Prise de la Bastille (le 14 juillet 1789), d'après un dessin du temps.

ANNIVERSAIRE DU 14 JUILLET 1789

LE DERNIER JOUR

DE

LA BASTILLE

Par Louis COMBES

MEMBRE DU CONSEIL MUNICIPAL DE PARIS

Ce grand épisode est universellement connu, mais les honteuses réactions que nous avons subies pendant trois quarts de siècle en font une actualité toujours vivante et d'éternelle jeunesse. Les victoires du droit et de la liberté sont si rares dans la longue série de brigandages qui forment le fond de l'histoire des nations, qu'on éprouve toujours une consolation mélangée de tristesse et d'amertume à réveiller le souvenir de quelqu'une de ces journées éclatantes où la justice désarmée et nue, par une sorte de convulsion d'énergie, a pu triompher du monstre autoritaire et l'humilier d'une de ces revanches, trop souvent éphémères, qui marquent les rudes étapes vers l'affranchissement intégral de l'humanité.

Cette grande journée, qui assura le triomphe de la Révolution, fut entièrement l'œuvre du peuple. Les hommes politiques, les habiles n'eussent osé rêver une attaque, bien moins encore une victoire. Le peuple seul eut la foi, il voulut obstinément la lutte, et il se trouva que cette témérité était la sagesse même et qu'elle consomma la ruine de l'ancien régime, qu'elle consacra les libertés de l'âge nouveau.

Le 10 mai 89, dans un article de ses cahiers, le tiers état de Paris avait énergiquement exprimé le vœu que la Bastille fût totalement rasée, et que, sur son emplacement, on élevât une colonne « d'une architecture noble et simple » avec cette inscription :

A LOUIS XVI, RESTAURATEUR DE LA LIBERTÉ PUBLIQUE.

Quand on sait quelle idée le roi avait de la liberté, quand on se souvient de tout ce que cet impuissant idiot a misérablement tenté pour en faire avorter les germes, on ne peut s'empêcher de sourire de la naïveté de cette inscription, qu'on prendrait volontiers pour une ironie lapidaire, car il était de la dernière évidence que la destruction de la Bastille était pour la royauté une défaite capitale, et, plus encore, une humiliation.

Mais les hommes du tiers, asservis encore au fétichisme monarchique, suivaient ici tout naturellement les vieilles traditions de leur ordre, qui, dans ses longues luttes, s'était constamment abrité derrière la royauté, autant par tactique instinctive que par habitude de domesticité.

Ce détail, au reste, a peu d'importance. Ce qui est intéressant, c'est de voir placer au rang des *réformes* politiques et sociales la démolition d'une forteresse et d'une prison, c'est de voir une question d'administration et d'édilité s'élever à la hauteur d'un principe.

Et rien n'était mieux justifié. On a dit fort légèrement, on répète quelquefois encore aujourd'hui : Qu'importait la Bastille au peuple ? On n'y enfermait jamais les petites gens ; c'était une prison en quelque sorte patricienne, etc.

D'abord, cette assertion n'est pas exacte ; on n'a qu'à parcourir les listes (fort incomplètes), on y rencontrera une foule de plébéiens, libraires, imprimeurs, écrivains, etc., sans parler des pauvres prêtres jansénistes, des protestants, et de bien d'autres encore.

Le vrai motif de la haine publique, indépendamment des cas particuliers, dont beaucoup étaient passés à l'état de sinistres légendes, c'est que la Bastille était à la royauté ce que le château fort était au seigneur, le signe féodal par excellence, l'*instrumentum regni*, à la fois le symbole et la réalité de la tyrannie. Prison, forteresse et tombeau, peuplée de victimes de l'État et de victimes des familles, théâtre des drames les plus lugubres, elle était pour tous, et de père en fils, un objet de terreur et de haine. Le peuple, dans sa bonté héroïque, s'inquiétait peu, d'ailleurs, de quelle classe étaient les victimes; il les couvrait toutes de sa miséricorde et de sa pitié. L'histoire de Latude, les révélations de Linguet et de Mirabeau, l'emprisonnement des philosophes et des écrivains, mille persécutions de famille, la multiplication des lettres de cachet, devenues une marchandise qu'on vendait publiquement, une *valeur* cotée, avaient augmenté l'horreur publique. Enfin, outre les raisons de sentiment, de justice et d'humanité, toujours si puissantes, le peuple avait encore d'autres motifs, au moment où les forteresses féodales s'écroulaient de toutes parts, pour ne point laisser debout le repaire seigneurial par excellence, la Bastille des Bastilles, qui dominait et pouvait écraser la ville, qui la couvrait pour ainsi dire de l'ombre menaçante de ses huit tours. Sa destruction était donc une mesure de sécurité publique, une bonne opération stratégique, en même temps qu'une œuvre de haute moralité. On ne pouvait réduire le despotisme sans l'avoir préalablement désarmé; on ne pouvait inaugurer le règne de la loi que sur les ruines de cette caverne de l'arbitraire.

On sait quelle était la situation au commencement de juillet 89. Les factions de la cour, en conspiration permanente, poursuivaient le rétablissement de la monarchie absolue et la dissolution de l'Assemblée nationale. Un coup d'État paraissait imminent. On n'a jamais bien su les détails de l'intrigue; mais sa réalité ne peut être mise en doute. Depuis la séance royale, les projets de coups de force étaient à l'ordre du jour dans les conciliabules du château, et bien certainement le dénouement approchait.

Paris, orageux et inquiet, subissait en outre une de ces crises de subsistances qu'on croyait avec raison être en grande partie l'œuvre de l'aristocratie. La disette était encore aggravée par des nuées de troupes dont on enveloppait de jour en jour la capitale et Versailles, et dont le rassemblement formidable indiquait assez qu'une exécution militaire était résolue. Les factieux de la cour, se fiant peu aux gardes françaises et autres troupes nationales, avaient appelé les vingt régiments étrangers à la solde de la couronne. On eût dit des campements de barbares, une invasion allemande et suisse. Cette meute aveugle et grossière aurait tout massacré sans pitié. Le vieux maréchal de Broglie, le plus insolent des réacteurs, avait reçu le commandement général, et, malgré sa décrépitude, affichait sa jactance et ses prétentions de tout écraser.

Sur la motion de Mirabeau, l'Assemblée demanda au roi l'éloignement des troupes. Avec sa fourberie habituelle, Louis XVI répondit qu'elles n'avaient d'autre mission que de protéger la liberté des délibérations; mais que, dans le cas où l'Assemblée en prendrait ombrage, elle pourrait demander d'être transférée à Noyon ou à Soissons ; — c'est-à-dire s'exposer beaucoup plus, se placer entre trois armées, celles de Flandre, d'Alsace et de Paris-Versailles.

L'Assemblée, sans doute pour éviter un conflit, avala l'affront de cette mystification, baissa la tête et ne réclama plus, malgré l'insistance de Mirabeau.

Pendant ce temps, la soldatesque étrangère se faisait la main en commettant toutes sortes d'excès à Versailles même et dans les campagnes de Paris ; Broglie faisait du château un camp et dressait des ordres de bataille ; le prince de Lambesc (de race autrichienne) venait occuper le jardin de la Muette, avec son régiment de cavalerie royal-allemand, et envoyait des détachements caracoler à Paris, sous le prétexte de surveiller les ateliers nationaux de Montmartre ; le Champ de Mars et l'École militaire étaient remplis de brigades suisses et allemandes ; De Launay, gouverneur de la Bastille, mettait sa forteresse en état de défense, accumulait les munitions et faisait saillir la gueule de ses canons à travers les créneaux, comme pour épouvanter le faubourg Antoine et le Marais ; une batterie devait être établie à Montmartre pour foudroyer Paris ; on commençait à intercepter les convois de farine et de vivres pour affamer la capitale ; toutes les dispositions militaires, enfin, se poursuivaient ouvertement et dénonçaient une crise prochaine.

L'opinion générale, et tout confirme cette croyance, était que Paris allait être noyé de sang et pillé par les hordes d'étrangers, l'Assemblée dispersée, ses arrêtés déclarés séditieux, ses membres les plus énergiques livrés au bourreau, tous les patriotes proscrits, l'absolutisme restauré. « S'il faut brûler Paris, disait Breteuil, on le brûlera. » La reine faisait fabriquer une fausse monnaie de papier (Bailly, *Mémoires*).

Le salut vint de Paris, comme dans toutes les grandes circonstances. Sans doute, l'Assemblée montra de la dignité et de l'énergie ; mais, n'ayant d'autre appui qu'une force purement morale, il est évident qu'elle eût été impuissante à empêcher ces orgies sanglantes de la force. Il fallait l'insurrection, il fallait la victoire de Paris.

Les *électeurs* nommés par les districts pour désigner les députés aux États-Généraux n'avaient plus d'existence légale après cette opération ; néanmoins, par un esprit de prévoyance et d'énergique décision qu'on n'eût pas attendu de ces paisibles bourgeois, ils avaient conservé leur organisation, restaient en communication permanente avec les députés de Paris, et, au nom des dangers publics, s'étaient hardiment installés à l'Hôtel de Ville, où leur *comité permanent* forma le noyau de la première municipalité révolutionnaire.

Et maintenant, les événements vont se précipiter. Le 11 juillet, la faction, se croyant assurée de la victoire, frappa son premier coup. Necker reçut l'ordre de quitter le ministère sur-le-champ, et de sortir de France en cachant son départ même à sa famille. L'insipide Genevois était mûr cependant pour la réaction, mais pour une réaction moins brutale, moins complète et plus hypocritement tempérée. C'est précisément pour cela que les furieux de la cour le rejetaient ; en outre, ils n'avaient pas cessé de le détester pour la part qu'il avait prise à la convocation des États-Généraux. C'est aussi pour cette dernière raison et pour ses timides essais de réforme qu'il était resté une sorte de fétiche populaire. Son renvoi, dans les circonstances, était un acte de guerre bien caractérisé.

Le nouveau ministère fut composé des hommes les plus odieux au peuple, Montmorin, Breteuil, Broglie, Foulon, etc. La situation était donc dessinée avec une netteté formidable.

Le lendemain 12, un dimanche, la nouvelle éclata sur Paris, coïncidant avec de grands mouvements de troupes et avec la publication d'un vaste placard engageant, *de par le roi*, les honnêtes gens à rester chez eux, à ne pas s'inquiéter des mouvements militaires, qui n'avaient d'autre objet que de protéger Paris et ses environs contre les *brigands*, etc.; enfin, l'éternelle affiche policière des journées d'émotion publique.

Le Palais-Royal prit feu; cette espèce de Forum de la Révolution s'emplit d'une foule immense. Un jeune homme, qui n'était alors connu que dans son district, au quartier latin, mais qui s'appellera demain Camille Desmoulins, entre dans l'histoire par un coup d'éclat; il monte sur une table, prononce une harangue enflammée, agite des pistolets et appelle les citoyens aux armes... Mais on connaît toutes ces grandes scènes : l'explosion populaire, les feuilles d'arbre mises aux chapeaux en guise de cocarde, la promenade à travers Paris du buste de Necker, enfin, les divers engagements qui eurent lieu sur plusieurs points et qui firent couler le premier sang. A la place Louis XV, à l'entrée des Tuileries, Lambesc, chargeant avec ses cavaliers, sabra de sa main un vieillard inoffensif nommé Chauvet.

Le cri *aux armes!* retentissait partout; on commençait à piller les boutiques d'armuriers; un groupe de gardes françaises échappés de leurs casernes, entraînant des citoyens, attaquèrent sur le boulevard et chassèrent à coups de fusil un détachement du royal-allemand; le peuple brûlait les barrières et les registres d'octroi (création fiscale tant détestée, dont Lavoisier, illustre chimiste et fermier général fort avide, avait donné l'idée et le plan, pour le dire en passant). Besenval, qui commandait la force armée de Paris, se sentant débordé, avait fait replier ses troupes vers les Champs-Élysées, où, pendant la nuit, elles repoussèrent quelques attaques qui ne purent être sérieuses, le peuple n'étant pas armé.

Cependant, au milieu de tous ces mouvements, qui allaient se continuer le lendemain avec plus d'intensité, l'assemblée des électeurs se constituait à l'Hôtel de Ville, et faisait acte d'autorité en établissant un *comité permanent* et en *confirmant* dans leurs fonctions le prévôt des marchands, de Flesselles, les échevins et les autres officiers composant le bureau de la vieille administration communale. Ces représentants de la bourgeoisie parisienne flottaient dans les plus cruelles incertitudes. Ils s'étaient saisis du pouvoir municipal avec beaucoup de résolution; mais ils commençaient visiblement à s'effrayer de leur responsabilité. Délibérant sous la pression du peuple, qui avait envahi l'Hôtel de Ville, obsédés, menacés même, ils se résignèrent à ouvrir aux citoyens les magasins d'armes de la maison commune ; mais ils ne voulaient en aucune manière autoriser formellement le combat. Ces révolutionnaires avaient peur de la Révolution ; ces ennemis de l'aristocratie et de l'ancien régime s'effarouchaient des mouvements populaires presque autant que des manœuvres menaçantes des troupes croates, autrichiennes et suisses. De là, leurs mesures équivoques, leurs atermoiements et leurs fluctuations.

Dans cette même nuit du 12 au 13, ils décident la convocation des assemblées de district, pour aviser aux moyens de *prévenir le tumulte ;* ils défendent les attroupements ; ils décrètent la formation d'une milice bourgeoise. Chose remarquable, cette création de la garde nationale, réclamée avec insistance depuis quelque temps, abritait en ce moment une arrière-pensée de réaction : l'idée de désarmer les pauvres, de contenir l'élément purement populaire. Dans les circonstances, c'était insensé, car c'était surtout de force qu'on avait besoin.

Il faut voir comme ce pouvoir improvisé parle déjà la langue de l'autorité !

« *La notoriété des désordres et les excès commis par plusieurs attroupements,* ayant déterminé l'assemblée générale (des électeurs) à établir sans délai la milice parisienne, *il a été ordonné* ce qui suit... »

C'est le comité permanent qui parle ainsi ; c'est un pouvoir irrégulier, révolutionnaire, qui s'est formé pour ainsi dire tout seul, qui du moins a été créé par un groupe de citoyens sans mandat spécial, qui a deux heures d'existence, qui n'a aucun moyen d'action ; c'est cette poignée de *séditieux,* qui tous seraient pendus si Broglie et ses lieutenants triomphaient de Paris, qui atteignent ainsi, du premier trait de plume, à la suffisance et à la morgue magistrales des *ordonnances* du roi. Il faut croire que le virus autoritaire est dans le sang des Français.

Le comité permanent, par son arrêté, organisait donc la garde nationale, ce qui était une excellente mesure ; mais il se réservait la nomination du commandant général et des officiers supérieurs de toutes les légions, ce qui était une usurpation par trop choquante, de la part de quelques individus qu'on connaissait à peine. Il décidait que la cocarde serait rouge et bleue (couleurs de la ville. — Le vert était repoussé comme étant la couleur de la livrée du comte d'Artois) ; mais il spécifiait que « tout homme qui serait trouvé avec cette cocarde, sans avoir été enregistré dans l'un des districts, serait remis à la justice du comité permanent. » Cela visait les non électeurs, c'est-à-dire les pauvres.

Le comité avait déjà une justice, comme les rois ! Il interdisait la cocarde patriotique aux indigents, aux non notables, sous peine d'arrestation ; de plus, il prescrivait que *tout particulier* qui se trouverait muni de fusils, pistolets, sabres, épées, etc., était tenu de les porter sur-le-champ aux districts pour armer la milice bourgeoise. C'était le désarmement de ceux qui ne se trouvaient pas compris dans les cadres ébauchés de la garde nationale, c'est-à-dire de la plupart de ceux qui allaient prendre la Bastille.

Cette interdiction des attroupements, alors que tout Paris s'attroupait dans un but de défense commune ; ces objurgations contre les prétendus *désordres*, de la part de gens qui avaient donné le signal de la résistance révolutionnaire, ne sont pas un des spectacles les moins curieux de ces journées.

Au reste, une partie de la bourgeoisie parisienne était sous l'empire de ces incertitudes, de ces méfiances et de ces craintes. Nous avons eu sous les yeux l'original des procès-verbaux de la *Réunion des bourgeois du district du petit Saint-Antoine*, quartier voisin de la Bastille. Le premier procès-verbal, ouvert le 13, à onze heures du matin, et clos à six heures du soir, porte environ douze cents signatures, parmi lesquelles celles de Dufour, avocat au Parlement, de Champion de Villeneuve, avocat au Conseil, ministre de Louis XVI en 92, de Bellart, avocat au Parlement (c'est le fameux procureur général de la Restauration), de Prudhomme qui depuis publia les *Révolutions de Paris*, de Coulon de Thévenot, l'inventeur de la sténographie, de Miller de Précarré, substitut du procureur général, de l'historien Ameilhon, etc. Ces paisibles citoyens se montrent fort inquiets du mouvement populaire ; ils ont l'imagination pleine des *gens sans aveu*, des *vagabonds* et des *brigands* légendaires qu'on signalait partout, car le spectre rouge n'est pas né d'hier. En vertu des arrêtés de l'Hôtel de Ville, ils délibèrent de se former en milice pour arrêter les désordres, remédier au *mal présent et prévenir les événements qui pourraient exiger des précautions à l'avenir*. En lisant l'élégie naïve de ces méfiances et de ces terreurs, on se demande si, avec de telles dispositions répressives, la garde nationale, en la supposant complètement organisée et armée, n'eût pas défendu la Bastille, et conséquemment le parti de la cour, — qu'elle détestait également.

Il y a dans l'histoire politique plus d'un exemple de ces contradictions.

Mais, voyez comme le succès convertit les gens ! Le procès-verbal de la même assemblée, du lendemain 14, huit heures du matin, jusqu'au 15, quatre heures du matin, est un récit enthousiaste, et curieux d'ailleurs, du siège et de la prise de la forteresse, et de la marche des vainqueurs à l'Hôtel de Ville. A leur passage, le poste du district se range sous les armes, *pour rendre hommage à l'événement, et en partager au moins l'honneur par son approbation*.

Le lundi, 13, dès le matin, le tocsin sonne dans toutes les églises, le tambour assemble les citoyens, qui cherchent des armes de tous les côtés, et s'organisent hâtivement en compagnies, sous les noms de *volontaires du Palais-Royal*, des *Tuileries*, de *la Basoche*, de *l'Arquebuse*, etc. Des flots de peuple se portent à la Force, où ils délivrent les prisonniers pour dettes, au Garde-Meuble, ou ils enlèvent quelques armes d'un autre âge et de peu d'utilité, au couvent de Saint-Lazare, où ils saisissent cinquante-deux voitures de farine que les bons pères (en un temps de famine) avaient accumulées dans leur magasin, et qui furent amenées fidèlement à la halle par des hommes dont beaucoup souffraient de la faim. On conduisait aussi à l'Hôtel de Ville tout ce qui était saisi aux barrières et ailleurs, en sorte que la place de Grève fut pendant plusieurs jours l'un des plus riches entrepôts de l'Europe, encombrée de meubles, de subsistances, d'objets de toute sorte et même de troupeaux de moutons et de bœufs, dont les beuglements se mêlaient aux clameurs du peuple.

En beaucoup d'endroits, on ouvrait des tranchées, on formait des barricades. Les armes manquant, les ouvriers en fer s'occupaient sans relâche à forger des milliers de piques; mais c'était de fusils qu'on avait besoin. On allait en réclamer à l'Hôtel de Ville; de Flesselles se débarrassait des pétitionnaires en jouant la comédie dangereuse de les envoyer tantôt dans un endroit, tantôt dans un autre, où il savait bien qu'il n'y avait aucun dépôt d'armes. Il mystifia de la même manière l'assemblée des électeurs, qui réclamait des fusils pour la milice bourgeoise, et à qui il annonça l'arrivée prochaine d'un prétendu envoi de la manufacture de Charleville. Il n'arriva à l'Hôtel de Ville que des caisses portant l'étiquette *artillerie*, et qui n'étaient remplies que de chiffons et de morceaux de bois. En croyant gagner du temps par ces misérables manœuvres, le malheureux travaillait à son arrêt de mort.

Dans l'après-midi, les gardes françaises, ayant reçu l'ordre de se replier sur Saint-Denis, se soulevèrent unanimement et accoururent avec quelques-uns de leurs officiers se mettre à la disposition du peuple. La Révolution gagnait ainsi un régiment presque entier avec du canon. Beaucoup de soldats isolés s'échappaient aussi, soit du camp du Champ de Mars, soit d'ailleurs, et venaient se joindre à la population.

Au fur et à mesure que le mouvement prenait de la consistance, il entraînait les prudents, les timides, les sages de la classe moyenne, les gens de l'Hôtel de Ville; d'heure en heure il devenait de plus en plus formidable, et l'on pouvait prévoir déjà qu'il serait irrésistible.

Bientôt le peuple fit une découverte précieuse; il saisit au port Saint-Nicolas cinq milliers de poudre qu'on allait faire filer secrètement par la rivière. Flesselles, l'homme du roi, devait certainement avoir connaissance de cette opération; du moins ce fut l'opinion générale, et la colère contre lui s'en augmenta. La poudre fut apportée à l'Hôtel de Ville, déposée dans une salle basse, et la distribution en fut confiée à un homme intrépide, l'abbé Lefebvre d'Ormesson, électeur, qui, au milieu des pipes allumées, des coups de feu même, du tumulte le plus effrayant, garda son poste pendant vingt heures.

A la nouvelle des événements de Paris, l'Assemblée nationale, quoique environnée de périls et n'étant pas assurée d'une heure d'existence, fut très énergique et très digne. Elle reprit la motion sur l'éloignement des troupes, décréta que Necker emportait les regrets de la nation, rendit les conseils du roi, de quelque rang qu'ils pussent être, responsables des malheurs qui pourraient arriver, etc.

Mais la cour était fort perplexe. Le soulèvement de Paris, la crainte de la défection des troupes, la terreur d'une invasion venue de la capitale, déconcertaient les projets des conjurés et paralysaient leurs manœuvres. Ils se rejetèrent sur la défensive, firent occuper le pont de Sèvres avec du canon, coupèrent les commu-

Délivrance des prisonniers de la Bastille (juillet 1789), fac-similé d'une estampe du temps.

nications avec Paris et couvrirent de troupes les environs de Versailles. De là, l'inaction de Broglie, qui n'envoyait point d'ordre, et de Besenval, qui occupait toujours l'École militaire et le Champ de Mars avec ses régiments.

Le premier acte du peuple, dans la journée du 14, fut l'envahissement des Invalides, où l'on avait appris que des armes étaient cachées. Cette expédition se fit avec une promptitude surprenante et sans que le camp du Champ de Mars osât bouger. Le procureur du roi et de la ville, Ethis de Corny, marchait en tête de la foule ; le curé de Saint-Etienne-du-Mont conduisait les citoyens de son district ; les clercs de la basoche, avec leur vieil uniforme rouge, l'école de chirurgie, des compagnies de gardes françaises, les étudiants, les faubourgs, trente mille hommes enfin se présentent aux grilles ; le gouverneur, Sombreuil, essaie de berner les citoyens par de captieuses protestations ; mais on était las de mystifications ; les fossés sont franchis, les grilles forcées ; vingt-huit mille fusils et vingt pièces de canon sont enlevés. Avec les piques, les hallebardes et ce qu'on avait successivement trouvé de fusils, cela complétait à peu près l'armement de Paris.

Comme il arrive dans toutes les convulsions révolutionnaires, les classes les plus pacifiques, les gens du roi même, se trouvaient enlevés, emportés dans le mouvement. Il n'y avait plus de force qui pût résister.

Une idée s'était levée avec l'aube de cette grande journée, une lumière avait frappé tous les esprits ; un seul cri retentit dans les rues de la grande cité, sortant de la poitrine d'un peuple entier, dominant l'éternel tocsin et les mugissements des canons d'alarme : *A la Bastille ! A la Bastille !* Ceux qui l'ont entendue, cette clameur puissante, ne l'ont jamais oubliée. Nous avons connu des vieillards parisiens qui, après cinquante années et plus, en avaient encore l'émotion dans le cœur et le retentissement dans les oreilles.

Les rues, les quais, les ponts, les boulevards, inondés de peuple, ressemblent à une mer écumante soulevée par tous les vents. Les femmes, signe caractéristique, acclament les combattants et distribuent des cocardes. Et toujours et partout retentit le même cri, et dans les éclatantes vibrations du tocsin, les citoyens, exaltés par l'enthousiasme, croient entendre l'airain mugir dans le vent et dans la nue : *A la Bastille !* On sentait bien qu'il fallait vaincre, et vaincre en un seul jour.

Dès le matin, un groupe de jeunes gens, délégués par l'assemblée en plein vent du Palais-Royal, s'étaient présentés devant la forteresse ; introduits dans la première enceinte, ils réclamèrent des armes, l'occupation de la forteresse par la garde bourgeoise, et naturellement n'obtinrent qu'un refus dédaigneux. D'autres députations se présentèrent successivement, mais sans plus de succès. Cependant toutes les transactions étaient insuffisantes, car ce que le peuple demandait à grands cris, c'était la reddition et la démolition de la Bastille.

Des flots de combattants l'entouraient déjà, et tout Paris roulait comme un torrent vers la porte Saint-Antoine, jusqu'à des prêtres et des femmes. Stratégiquement, la prise de la forteresse semblait impossible. Gorgée de munitions, elle n'avait qu'une garnison de cent quatorze hommes, dont trente-deux suisses et quatre-vingt-deux invalides, d'ailleurs tous soldats aguerris ; mais cette faible garnison, derrière ses meurtrières, ses murailles et ses triples grilles, pouvait en toute sûreté foudroyer les assiégeants et prolonger indéfiniment la lutte en attendant des renforts certains. De plus, les batteries pouvaient raser le Marais, le quartier et le faubourg Antoine. Pour une foule qui n'avait ni le temps ni les moyens de faire un siège régulier, la forteresse était réellement imprenable.

Au point de vue militaire, c'était donc l'impossible qu'on tentait.

On le sentait bien à l'Hôtel de Ville : de là, tant de députations qui se succédèrent dans le cours de cette journée, et qui, sous la fusillade, tentaient l'œuvre difficile de la conciliation.

Le combat fut très vif et dura près de cinq heures. Nous n'en retracerons pas les épisodes, qui sont suffisamment connus. Les noms même des principaux acteurs sont dans la mémoire de tous, et beaucoup sont devenus célèbres. On n'a pas oublié Élie, Maillard, Hulin, Eyron, Georget, Marceau, Santerre, Rossignol, Arné, Palloy, Camille Desmoulins, Dubois, Quignon, Templement, Bonnemer, Cholat, Humbert, de Saudray, Crétaine, Parein, Bouy de Valois, Souberbielle, Tournay, Davanne, Daissain, Laurent, La Mandinière, Lauzier, Labarthe, Réole, Hoche, Fournier, Rousseau, Lépine, Legris, Delauzière, La Reynie, Louis Morin, Marqué, Thiryon, Rousselot, et tant de vaillants hommes, citoyens, gardes françaises, électeurs, etc., dont l'histoire n'a pas enregistré les noms.

La colère des assiégeants fut augmentée par un acte qui n'était peut-être qu'une méprise fatale (du moins on voudrait le croire), mais qui était plus probablement une lâche trahison. Attirés dans la première cour par l'abaissement du pont-levis, par la vue d'un drapeau blanc et autres signes de paix qui firent croire à une offre de capitulation, les citoyens se présentèrent, confiants et pacifiques, avec une nouvelle députation de l'Hôtel de Ville, et furent accueillis par une fusillade qui fit de nombreuses victimes. Le combat reprit avec plus d'acharnement. Enfin, la partie française de la garnison eut horreur à la fin de cette guerre fratricide, horreur et honte de verser ainsi sans péril le sang français. Elle parla de capituler. D'ailleurs, la multitude, toujours grossissante, qui enveloppait la forteresse, sa furie d'héroïsme, son ardeur à se jeter au-devant de la mort, montraient assez que c'était le peuple entier qui combattait, et qu'à force de mourir il saurait bien briser toutes ces résistances.

De Launay, qui se savait détesté, non-seulement pour le sang qu'il venait de répandre, mais encore pour ses persécutions envers les prisonniers, ses odieuses spéculations sur leur misère, qui l'avaient rendu fameux dans toute l'Europe, n'avait aucun espoir d'être épargné. Il prit l'épouvantable résolution de faire sauter la Bastille, et avec elle un tiers de Paris. Déjà, il avait une mèche allumée à la main, et il allait mettre le feu au magasin de poudre, quand deux de ses propres soldats, les sous-officiers Ferrand et Béquard, le repoussèrent la baïonnette sur la poitrine.

Après avoir forcé le pont de la première enceinte, le peuple avait réussi à mettre du canon en batterie vis-à-vis le pont-levis de la forteresse, et notamment le fameux canon d'argent (ou plutôt plaqué d'argent) du roi de Siam, enlevé au Garde-Meuble. Les assiégés étaient fort découragés ; ils sentaient bien que leur résistance aurait forcément un terme et que la prolonger obstinément, c'était s'exposer à de terribles représailles. Ils se décident enfin à arborer le drapeau blanc sur la tour de la Bazinière, puis, à travers une meurtrière, ils tendent un papier, qui était l'offre de leur capitulation. On pose une longue planche sur le parapet en travers du fossé, et pendant que plusieurs personnes font contre-poids à l'un des bouts, un citoyen s'engage sur la planche pour aller saisir le papier ; mais il trébuche, tombe dans le fossé et se tue. Maillard s'élance courageusement à son tour et parvient à saisir le billet. Les assiégés demandaient la vie sauve. Les combattants les plus rapprochés adhèrent ; les ponts s'abaissent : la Bastille était au peuple ! Il était environ six heures de l'après-midi.

Cette minute mémorable marquait la fin d'une société ; l'ancien régime était définitivement vaincu ; tous les cauchemars de réaction, tous les rêves monstrueux de coups d'État s'évanouissaient comme des vapeurs dissipées par un coup de vent. Il paraît que c'était cette soirée même qui avait été fixée définitivement pour l'exécution des complots de la cour. Paris devait être attaqué par sept côtés à la fois, l'Assemblée nationale investie, les députés patriotes enlevés, etc. Mais ces projets avortèrent misérablement. Tout se borna aux courses folles de quelques partis de cavaliers *ennemis* qui battirent la banlieue, observant craintivement au loin la silhouette énorme de la vaillante cité, dont les illuminations empourpraient le ciel de cette admirable nuit d'été. Ils durent rapporter à leurs chefs qu'une ville si bien gardée, barricadée, dont tous les citoyens veillaient debout et en armes, saurait se défendre et ne s'enlèverait pas par un coup de main.

Besenval, qui d'ailleurs n'avait pas bougé pendant l'action, s'écoula prudemment le long de la Seine, avec sa soldatesque étrangère, sans attendre le lever du soleil, laissant une partie de ses bagages à l'École militaire et à son campement du Champ de Mars.

Paris était libre et maître de la situation, ce qui a toujours coïncidé avec une victoire du droit et de la liberté ; il ne s'était pas seulement reconquis ; il avait, par le fait même, affranchi le monde, sauvegardé l'avenir, en protégeant la France nouvelle contre la barbarie monarchique, sacerdotale et aristocratique, en assurant l'existence de l'Assemblée nationale, qui allait pouvoir continuer en paix et en sécurité son œuvre libératrice.

Dans les premiers moments de tumulte, lors de l'invasion de la Bastille, deux de ses défenseurs avaient été tués. Deux autres, deux invalides, accusés d'avoir tiré après l'action, furent pendus à la lanterne de la Grève, qui sera bientôt si fameuse. Les autres furent graciés à la prière des gardes françaises. Les suisses, revêtus de blouses (comme les municipaux en février), furent conduits au Palais-Royal, où les citoyens se cotisèrent pour leur donner du pain. Quant au misérable De Launay, bourreau des prisonniers et meurtrier des citoyens, on connaît son sort tragique. Il était difficile à sauver. Des cœurs généreux, Maillard, Hulin, Élie, le tentèrent cependant, au péril de leur vie ; mais, sur la route de l'Hôtel de Ville, il fut arraché de leurs mains et tué au débouché de l'arcade Saint-Jean. Sa tête fut plantée au bout d'une pique (d'autres disent une fourche). Louis XVI supporta avec un stoïcisme princier la mort affreuse de son grand geôlier, et même il l'approuva. Il répondit froidement à Bailly, qui lui en parlait avec douleur : *Il a mérité son sort* (Bailly, *Mémoires*). Rendez-vous donc odieux pour les rois !

Le major de Losme et deux autres officiers de la Bastille périrent également. Enfin, pour en finir avec ces scènes affligeantes, de Flesselles, très justement suspect de trahison, fut interpellé rudement à l'Hôtel de Ville. On avait trouvé un billet de lui dans la poche de De Launay, et dans lequel il écrivait au gouverneur de la Bastille : *J'amuse les Parisiens avec des cocardes et des promesses ; tenez bon jusqu'au soir et vous aurez du renfort.* Dusaulx (*Œuvre des sept jours*) dit qu'on n'a point retrouvé l'original de ce billet. Ce qu'il y a de certain, c'est qu'il était tout à fait conforme à la conduite plus qu'équivoque du prévôt des marchands. Le malheureux fut tué d'un coup de pistolet, au coin du quai Pelletier par un jeune homme inconnu. Sa tête fut coupée et portée au bout d'une lance.

La prise de la Bastille avait coûté au peuple quatre-vingt-dix-huit morts et soixante-treize blessés. Les assiégés massacraient tellement à coup sûr derrière leurs murailles, qu'ils n'eurent qu'un homme tué et un blessé dans le combat.

Il ne se trouvait en ce moment dans les cachots de la forteresse que sept prisonniers, qui furent promenés dans toutes les rues de Paris. Voici leurs noms : Pujade, la Roche, Béchade, la Caurége, accusés de faux ; le comte de Solage, que sa famille avait fait enfermer en 1782 ; Tavernier, fils naturel du financier Pâris-Duverney, prisonnier depuis trente années ; enfin de Wythe, vieillard à longue barbe blanche dont on ne put obtenir aucun renseignement, car sa captivité lui avait enlevé la raison. Il se donnait comme le *major de l'immensité*. Tavernier était dans le même état. Deux bons citoyens voulurent adopter ces victimes, mais ne purent les garder ; le comité des électeurs fut obligé de les placer à Charenton.

On sait les événements qui suivirent : la nomination de Bailly comme maire de Paris, de Lafayette comme commandant de la garde nationale, les fureurs impuissantes de la faction, l'éloignement des troupes, le rappel de Necker, la consternation, puis les nouveaux actes d'hypocrisie du roi, ses grimaces de résignation constitutionnelle devant l'Assemblée, sa visite à l'Hôtel de Ville, où il amena pour ainsi dire le pavillon de la royauté, en se parant de la cocarde révolutionnaire, etc.

Dès le soir du 14, le peuple commença la démolition de la Bastille. L'Hôtel de Ville chargea de ce travail Palloy, qui fit exécuter avec les pierres de petits modèles de la forteresse, expédiés aux 83 départements, avec les barreaux, les verrous, les boiseries, les pierres, une multitude de menus objets, statuettes de la Liberté, médaillons, encriers, pièces de bijouterie, etc.

L'emplacement de la Bastille demeura, pendant la Révolution, une sorte de lieu sacré où s'assemblait le peuple, et l'un des centres principaux des fêtes publiques. Au 14 juillet 1790, anniversaire de la victoire, et jour de la grande fédération, on y avait planté un bois artificiel au milieu des ruines, et le soir, parmi les illuminations, le peuple et les envoyés de la France entière célébraient par des farandoles la fin d'un monde de douleur, de servitude et de larmes, l'avénement de la justice et de l'égalité.

Contraste éloquent! une inscription flamboyait, devise triomphale d'une énergique jovialité, dernière ironie jetée par la France nouvelle à la tyrannie renversée : *Ici l'on danse.*

IMPRIMERIE D. BARDIN, A SAINT-GERMAIN.

www.ingramcontent.com/pod-product-compliance
Lightning Source LLC
LaVergne TN
LVHW010053060726
842524LV00006B/2177